BEI GRIN MACHT SICH IHR WISSEN BEZAHLT

- Wir veröffentlichen Ihre Hausarbeit, Bachelor- und Masterarbeit

- Ihr eigenes eBook und Buch - weltweit in allen wichtigen Shops

- Verdienen Sie an jedem Verkauf

Jetzt bei www.GRIN.com hochladen und kostenlos publizieren

Bibliografische Information der Deutschen Nationalbibliothek:

Die Deutsche Bibliothek verzeichnet diese Publikation in der Deutschen National-bibliografie; detaillierte bibliografische Daten sind im Internet über http://dnb.d-nb.de/ abrufbar.

Dieses Werk sowie alle darin enthaltenen einzelnen Beiträge und Abbildungen sind urheberrechtlich geschützt. Jede Verwertung, die nicht ausdrücklich vom Urheberrechtsschutz zugelassen ist, bedarf der vorherigen Zustimmung des Verlages. Das gilt insbesondere für Vervielfältigungen, Bearbeitungen, Übersetzungen, Mikroverfilmungen, Auswertungen durch Datenbanken und für die Einspeicherung und Verarbeitung in elektronische Systeme. Alle Rechte, auch die des auszugsweisen Nachdrucks, der fotomechanischen Wiedergabe (einschließlich Mikrokopie) sowie der Auswertung durch Datenbanken oder ähnliche Einrichtungen, vorbehalten.

Impressum:

Copyright © 2019 GRIN Verlag
Druck und Bindung: Books on Demand GmbH, Norderstedt Germany
ISBN: 9783668925571

Dieses Buch bei GRIN:

https://www.grin.com/document/461871

Max Klinsmann

Preismanagement und Marketing in der Fitness- und Gesundheitsbranche

GRIN Verlag

GRIN - Your knowledge has value

Der GRIN Verlag publiziert seit 1998 wissenschaftliche Arbeiten von Studenten, Hochschullehrern und anderen Akademikern als eBook und gedrucktes Buch. Die Verlagswebsite www.grin.com ist die ideale Plattform zur Veröffentlichung von Hausarbeiten, Abschlussarbeiten, wissenschaftlichen Aufsätzen, Dissertationen und Fachbüchern.

Besuchen Sie uns im Internet:

http://www.grin.com/

http://www.facebook.com/grincom

http://www.twitter.com/grin_com

Deutsche Hochschule für
Prävention und Gesundheitsmanagement
Hermann Neuberger Sportschule 3
66123 Saarbrücken

Einsendeaufgabe

Fachmodul: Marketing II

Studiengang: BFÖ

Datum Präsenzphase: 14.01. – 17.01.19

Name, Vorname: Klinsmann, Max

Studienort: **Stuttgart**

Semester: **WS16**

Inhaltsverzeichnis

1 PREISMANAGEMENT UND KOOPERATION 4

1.1 Preiselastizität der Nachfrage 4

1.2 Preisbildung 4

    1.2.1 Anlässe der Preisbildung 4

    1.2.2 Kostenorientierte Preisbildung 4

    1.2.3 Konkurrenzorientierte Preisbildung 5

2 STRATEGISCHE ANALYSEMETHODEN 5

2.1 Five-Forces-Modell 5

    2.1.1 Verhandlungsstärke der Zulieferer 5

    2.1.2 Bedrohung durch Markteintritt neuer Mitbewerber 5

    2.1.3 Verhandlungsstärke der Kunden 5

    2.1.4 Bedrohung durch Ersatzprodukte 6

    2.1.5 Mitbewerber-Rivalität 6

2.2 Durchführung einer SWOT-Analyse 6

    2.2.1 Ressourcenanalyse 6

    2.2.2 Analyse der Unternehmensumwelt 7

2.3 Erstellung einer SWOT-Matrix 8

2.4 BCG-Portfolio und Produktlebenszyklus 8

2.5 Fazit 9

3 CORPORATE IDENTITY 9

3.1 Interview-Analyse 9

    3.1.1 Aufgabe 1 – Anzeichen der Überarbeitung der CI 9

    3.1.2 Aufgabe 2 – Gründe für eine Neuausrichtung der CI 10

    3.1.3 Aufgabe 3 – Beispiele für Veränderungen von Marken 10

3.2 Marktstrategien 11

    3.2.1 Aufgabe 1 – Wettbewerbsstrategie von Fitnessfirst & weitere Strategien 11

    3.2.2 Aufgabe 2 – Strategien von Fitness First nach Ansoff 11

4 DIGITALISIERUNG IN DER FITNESS- UND GESUNDHEITSBRANCHE 12

5	**LITERATURVERZEICHNIS**	14
6	**TABELLENVERZEICHNIS**	15

1 Preismanagement und Kooperation

1.1 Preiselastizität der Nachfrage

Prozentuale Veränderung des Preises:
(45,90€ / 40,90€) * 100% = 112,2% → Änderung um 12,2%
Prozentuale Veränderung der Nachfragemenge:
(2400 / 2700) * 100% = 88,9% → Änderung um 11,1%
Die Preiselastizität der Nachfrage wird mit Hilfe folgender Formel ermittelt.
(ε) = Änderung der Nachfragemenge in % / Änderung des Preises in %
(ε) = 11,1% / 12,2% = 0,91

Die Preiselastizität liegt unter 1, somit ist die Nachfrage unelastisch. Die Preiserhöhung wirkt sich verhältnismäßig nur gering auf die Nachfragemenge aus, trotzdem kann durch die Preiserhöhung keine Umsatzerhöhung erzielt werden. Eine Gewinnerhöhung ist durch Minderung variabler Kosten dennoch möglich.

1.2 Preisbildung

1.2.1 Anlässe der Preisbildung

Der Anlass zur Preisbildung, in diesem Falle zur Preisänderung, ist die Eröffnung neuer Fitnessanlagen. In diesem Zuge soll der bisherige Preis optimiert werden. Mit Bezug auf die Produkt-Markt-Matrix nach Ansoff kann von Marktdurchdringung gesprochen werden. Mit den Fitness-Anlagen handelt es sich um ein vorhandenes Produkt, das nun auf einem gegenwärtigen Markt (dem deutschen Fitnessmarkt) in seinem Marktanteil vergrößert werden soll. Die Gewinnung von bisherigen Nicht-Verwendern kann hierzu beitragen (Weis, 2012, S.160).

1.2.2 Kostenorientierte Preisbildung

Rechnung auf monatlicher Basis:
Mitgliedskosten = variable Kosten + (fixe Kosten / Mitglieder)
8,50€ + (650.000€/12) / 2.800 = 27,85€
Zuschlagsverfahren:
Mitgliedsbeitrag = Stückkosten / (100% - Gewinn in %) = 27,85€ / 85% = 32,76€
Mitgliedsbeitrag brutto = 32,76€ * 1,19 = 38,99€

1.2.3 Konkurrenzorientierte Preisbildung

Die Konkurrenzorientierte Preisbildung birgt grundsätzlich weniger Risiken als eine autonome Preisbildung. Bei einer Annäherung an günstigere Konkurrenten müssen aber unweigerlich Qualitätsabstriche des Produktes gemacht werden. Da bei der X&Y Health GmbH allerdings auf hohe Service- und Dienstleistungsqualität wert gelegt wird, ist es wichtig, sich von günstigen Anbietern auch preislich zu differenzieren.

Wie bei der kostenorientierten Preisbildung festgestellt, weicht der Preis bei einer eher geringen Marge von 15% zu stark vom Konkurrenz-Anbieter ab, um angeglichen zu werden.

2 Strategische Analysemethoden

2.1 Five-Forces-Modell

Im Folgenden sollen Wettbewerbskräfte analysiert werden, die auf das Unternehmen „Freeletics" wirken – unterteilt nach dem Five Forces Modell (Porter, 2000, S.29).

2.1.1 Verhandlungsstärke der Zulieferer

Da es sich bei Freeletics um eine App, also ein digitales Gut handelt, zu dessen Produktion keine Rohstoffe von Nöten sind, kann von keinerlei Verhandlungsstärke der Zulieferer gesprochen werden.

2.1.2 Bedrohung durch Markteintritt neuer Mitbewerber

Die Bedrohung durch Markteintritt neuer Konkurrenten ist abhängig von Markteintrittsbarrieren. Eine dieser Barrieren ist beispielsweise der Kapitalbedarf. Dieser ist, wenn es darum geht, eine App zu produzieren, relativ gering. Die Markenidentität von Freeletics hingegen, könnte neue Anbieter davon abhalten, ähnliche Produkte zu platzieren. Außerdem ist kein Faktor für einen absoluten Kostenvorteil eines neuen Konkurrenten zu erkennen.

2.1.3 Verhandlungsstärke der Kunden

Die Verhandlungsstärke des Kunden ist gering einzuschätzen, da es sich bei Freeletics um ein differenziertes Produkt handelt, das vom Kunden nicht selbst produziert werden kann. Da es sich bei den Kunden um einzelne Privatpersonen handelt, die jeweils nur exakt eine Ausführung des Produktes beziehen, kann auch hinsichtlich dessen nicht von einer Verhandlungsstärke gesprochen werden.

2.1.4 Bedrohung durch Ersatzprodukte

Die Bedrohung durch Ersatzprodukte für Freeletics ist aufgrund der hohen Diversität des Marktes ernst zu nehmen. Kunden können nicht nur durch eine Mitgliedschaft in einem Verein oder Fitnessstudio ein mindestens deckendes Fitnessangebot erhalten, sie können sich – wie bei Freeletics – digital anweisen lassen und verausgaben. Dies ist über Videoplattformen wie Youtube kostenlos möglich.

2.1.5 Mitbewerber-Rivalität

Der Markt der Fitness-Apps wächst täglich. Es besteht also eine hohe Mitbewerber-Rivalität mit Apps wie z.B. „Kernwerk". Hier hat Freeletics durch eine gute Marktidentität einen Vorteil. Von Vorteil für Freeletics ist ebenfalls, dass es bei App-Nutzungen nicht zu Überkapazitäten kommen kann, von denen Mitbewerber profitieren könnten.

2.2 Durchführung einer SWOT-Analyse

2.2.1 Ressourcenanalyse

Tab. 1: Stärken und Schwächen von Freeletics

Stärken	Schwächen
Freeletics bietet Trainierenden ein hohes Maß an Motivation. Dies geschieht durch ein Wettbewerbssystem, in dem sich Kunden Sterne sammeln und mit anderen Kunden vergleichen können.	Es besteht ein hohes Maß an Verletzungsgefahr durch die fehlende Einweisung und Anleitung in teils sehr anspruchsvolle Übungen.
Die Trainingseinheiten sind nicht ortsgebunden und bieten daher ein hohes Maß an Flexibilität und Zeiteffizienz.	Freeletics kann durch das Fehlen von Zusatzwiderstand und die hohen Wiederholungszahlen nur als Kraft-Ausdauer oder Ausdauertraining bezeichnet werden. Zum

	Muskelaufbau ist das System eher ungeeignet.
Es gibt weltweit ca. 30 Millionen Freeletics-Nutzer.	Die immer hohe Trainingsintensität ist trainingswissenschaftlich wenig Sinnvoll. Es mangelt an Basistraining, welches 80% des Gesamttrainingsvolumens ausmachen sollte. (Froböse, 2015)

2.2.2 Analyse der Unternehmensumwelt

Tab. 2: Chancen und Risiken für Freeletics

Chancen	Risiken
Seit Gründung des Unternehmen im Jahr 2013 ist die Nutzerzahl von Smartphones in Deutschland von 34 auf 57 Millionen gestiegen (Statista, 2019).	Discount Fitnessstudio werden immer günstiger und nähern sich vom Preisniveau einer Freeletics-Mitgliedschaft.
Menschen haben immer weniger Zeit.	Verbundanbieter wie Urban Sports Club sind im Wachstum. Dies zeigt, dass sich Kunden ein diverses Produkt mit tägliche Neuauswahl wünschen. Freeletics beschränkt sich auf Körpergewichtsübungen.
Der Fitnessmarkt steigt weiterhin durch höher werdendes Bewusstsein von Gesundheit und Fitness in der Bevölkerung.	Aufgrund des demografischen Wandels wird der Altersdurchschnitt der Bevölkerung immer höher. Freeletics ist für ältere Personen eher ungeeignet.

2.3 Erstellung einer SWOT-Matrix

Tab. 3: SWOT-Matrix

	Chancen (Opportunities)	Risiken (Threats)
Stärken (Strength)	S-O-Strategien	S-T-Strategien
	• Kurze Trainingseinheiten für Nutzer mit wenig Zeit entwickeln • Anstieg der Smartphone-Zahl nutzen, um Markt weiter zu durchdringen. Möglicherweise durch Vorinstallation auf neu erworbenen Smartphone	• Bedrohung durch Discountstudios entgegen wirken: Durch Kooperationen mit jeweiligen Unternehmen oder durch Preisanpassung • Auch älteres Publikum mit angepassten Workouts anlocken (Zweitmarke denkbar)
Schwächen (Weakness)	W-O-Strategien	W-T-Strategien
	• Zusatzverkauf von Hanteln oder anderem Equipment um Muskelaufbau zu ermöglichen und mehr Abwechslung einzubringen	• Durch gesundheits-orientiertes Marketing verhindern, dass Verletzungsgefahr vom Kauf abhält • Mit Verbundspartnern kooperieren

2.4 BCG-Portfolio und Produktlebenszyklus

Das BCG-Portfolio beschreibt eine Matrix, in der strategische Geschäftseinheiten nach den Kriterien Marktwachstum und Marktanteil eingeteilt werden (Weis, 2012, S. 135 ff.). Zu Beginn hat ein Produkt, so auch eine Fitness-App, einen geringen Marktanteil. Je nach Marktwachstum handelt es sich also um einen „Poor Dog" oder ein „Question Mark". Etablierte und erfolgreiche Apps wie „Freeletics" hingegen zählt man zum Feld „Stars" (hohes Marktwachstum, hoher Marktanteil). Stagniert das Wachstum solcher Produkte, wenn bereits ein hoher Marktanteil erreicht wurde, spricht man von „Cash Cows".

Betrachtet man den Produktlebenszyklus (Kotler et al., 2007, S. 700) mit den Phasen Entwicklung, Einführung, Wachstum, Reife, Sättigung, Rückgang und Nachlauf, so ist die Fitness-App Freeletics der Wachstums-Phase zuzuordnen. Die Merkmale dieser Phase decken sich mit der aktuellen Entwicklung der App: Die Nachfrage steigt nach wie vor, es treten immer mehr Konkurrenten auf den Markt (Weis, 2012, S.277-278). Die Entwicklung und die Einführung hat das Produkt bereits durchlaufen. Vom idealtypischen Produktlebenszyklus unterscheiden sich Apps grundlegend von materialistischen Produkten. Apps können durch Updates jederzeit modifiziert werden – es kann also in jeder Phase eine Veränderung stattfinden. Dies geschieht bei herkömmlichen Produkten meist nach dem Nachlauf und vor dem Relaunch. Ein Relaunch ist bei einer somit nicht von Nöten. Es handelt also um unzählige kleine Relaunches.

2.5 Fazit

Es ist zu beobachten, dass sich Produkte im digitalen Bereich bezüglich des Marketings wesentlich von klassischen Dienstleistungen und Sachgütern unterscheiden. Klassische Strategien oder Vorausschauung, wie der Produktlebenszyklus, sind nur bedingt anwendbar.

Aus den strategischen Analysen der Fitness-App „Freeletics", welche bei bereits hoher Marktdurchdringung noch große Chancen zu ergreifen ergibt hat, ergibt sich, dass die Investition in Digitalisierung der Fitnesskette unumgänglich ist. Die steigende Smartphone-Besitzerzahl und der wachsende Fitnessmarkt sind hierbei die größten Faktoren. Gerade für jüngere Nutzer sind Apps längst nicht mehr nur Hilfsmittel, sondern Hauptnutzungsweg vieler Dienste.

3 Corporate Identity

3.1 Interview-Analyse

3.1.1 Aufgabe 1 – Anzeichen der Überarbeitung der CI
- Unternehmensfarbe von Blau auf Rot geändert (Corporate Design)
- Neues Logo (Corporate Design)
- Logo trifft Aussage über Markführerschaft (Corporate Communication)

- Fokussierung auf die Kunden, Trainingserlebnis im Vordergrund (Corporate Behaviour)
- Ausgezeichneter Service für bessere Kundenbindung (Corporate Behaviour)
- Konzept für Bike-Kurse standortübergreifend (Corporate Behaviour)

3.1.2 Aufgabe 2 – Gründe für eine Neuausrichtung der CI

Grund: Fehlende Mitarbeiter-Identifikation

Wenn eine starke Corporate Identity gebildet wird, so können und werden sich Mitarbeiter mit dieser identifizieren. Es handelt sich um eine interne Wirkung. Dieses Gemeinschaftsgefühl wiederum steigert die Motivation und somit die Leistungsbereitschaft der Mitarbeiter.

Grund: Unnötige, wiederkehrende Kosten senken

Durch gleichartige Handlungswege und gefertigte Vorlagen (z.B. beim Design) können Kostensenkungen erzielt werden. Dies ist ebenfalls den internen Wirkungen zuzuordnen, deren Ausmaß oftmals unterschätzt wird.

Grund: Schlechter Wiedererkennungswert bzw. Bekanntheitsgrad

Durch eine starke CI (insbesondere das Corporate Design) kann ein hoher Wiedererkennungswert geschaffen werden.

Grund: Schlechtes Image

Außerdem profitiert ein Unternehmen bei neuen Produkten von einem guten Image profitieren. Ein gutes Image entsteht nur durch die konsequente Anwendung der CI über einen größeren Zeitraum.

3.1.3 Aufgabe 3 – Beispiele für Veränderungen von Marken

Tab. 4: Unternehmen und ihre Veränderungen der CI

Unternehmen	Änderung	Begründung
Real	2017, Wochenmarkt-Atmosphäre in Gemüseabteilung, Umbaumaßnamen zum „Markthallenkonzept", Logo mit klassischem Schrifttyp (W&V, 2017)	Höheres Gesundheitsbewusstsein der Bevölkerung, höhere Nachfrage nach lokalen Bioprodukten

Airbnb	2014, Änderung des Logos von Schreibschrift in Druckschrift	Airbnb CEO Brian Chesky war der Meinung, das alte Logo würde die Vorstellung limitieren, was Kunden erwarten könnten (Colourworks, 2017)
Uber	2016, Änderung des Logo mit „variabler" heller Farbe, die dann je nach Land anders ausgefüllt wird (Colourworks, 2017)	Weltweite Expansion erforderte Variabilität des Logos
Audi	1990er Jahre, Action-reiche Werbung, sportlichere Autos (Autobild, 2014)	Schlechte Verkaufszahlen bei jüngerem Publikum

3.2 Marktstrategien

3.2.1 Aufgabe 1 – Wettbewerbsstrategie von Fitnessfirst & weitere Strategien

Fitness First verfolgt die Differenzierungsstrategie. Das Unternehmen gestaltet die Leistungen einzigartig zu eher höheren Preisen (Weis, 2012, S.153). Nach Kotler & Bliemel (2006, S.139) kann die Differenzierung durch Qualität, Service, Produktstyling und Technologie erfolgen. Fitness First versucht durch besseren Kundenservice die Qualität zu verbessern. Außerdem wird Produktstyling betrieben, in dem eigene Kursformate entwickelt werden.

Weitere Wettbewerbsstrategien sind die Strategie der Kostenführerschaft (Beispiel: McFit) und die Nischenstrategie (Beispiel: Kieser).

3.2.2 Aufgabe 2 – Strategien von Fitness First nach Ansoff

Produktentwicklung: Fitness First versucht durch das für den deutschen Markt neue Produkt „Bike & Beats" zu platzieren.

Marktdurchdringung: Das Unternehmen versucht durch Verbesserung des Service mehr Kunden zu gewinnen. Die höhere Qualität soll zur Abwerbung von Kunden anderer Studios führen.

4 Digitalisierung in der Fitness- und Gesundheitsbranche

Um die akute finanzielle Notlage zügig zu mildern kann das Fitnessstudio Kohl verschiedene Arten von Kooperationen eingehen. Die erste Möglichkeit ist die Kooperation mit einem Verbundpartner wie Urban Sports Club. Hierdurch entstehen kaum zusätzliche Kosten und es können umgehend neue Umsätze generiert werden. Außerdem können Firmen-Kooperationen eingegangen werden. Hierbei bietet es sich an, mit Rabatten für Mitarbeiter die jeweiligen Geschäftsführer zu akquirieren. Um sich von anderen Studios zu differenzieren, können kleine Mahlzeiten nach dem Training angeboten werden, um gerade Berufstätige im Umkreis zur Mittagszeit anzulocken.

Da es sich beim Fitnessstudio Kohl weder um einen Discounter, noch um ein sehr hochwertiges Studio handelt, sind die Strategie der Kostenführerschaft und die Nischenstrategie auszuschließen, da diese zu drastische Änderungen mitführen würden. Es muss also ein Weg gefunden werden, sich von Mitstreitern zu differenzieren.

Die veraltete Einrichtung rechtfertigt den hohen Preis nicht, muss aber nicht unbedingt hinderlich sein, Besucher anzulocken. Ein Wechsel der Corporate Identity auf „Old School" könnte sinnvoll sein. Ein cooles Image und ein günstigerer Preis können sogar mit dem älteren Equipment stimmig sein. Dies kann durch eine dunklere Atmosphäre und laute Musik unterstützt werden.

Im Zuge des Imagewandels kann eine jüngere Zielgruppe gezielt über soziale Medien (facebook, instagram) angesprochen werden. Hierbei ist es wichtig, die Werbung Mitarbeitern ähnlichen Alters zu überlassen, um authentisch zu wirken.

Die Sauna, die bekanntlich eher vom älteren Klientel benutzt wird, kann ausgebaut und durch Boxsäcke oder anderes Trainingsequipment räumlich ersetzt werden.

Die Gefahr eines solchen Zielgruppenwechsels besteht im Verlust anderer Kundentypen. Um das ältere Klientel zu halten, bietet es sich an, vormittags eine hellere, weniger laute Trainingsatmosphäre zu schaffen.

Ebenfalls als Gefahr einzuordnen, ist die unmittelbare Kritik, die durch Kommentare auf sozialen Medien geäußert werden kann. Hierbei ist es wichtig, einen kompetenten Mitarbeiter zu ernennen, der diese Plattformen betreut und auf Kritik eingeht.

Die Partnerschaft mit Verbundspartnern kann zum Mitgliederabgang führen – vorausgesetzt, die direkte Mitgliedschaft im Studio bietet keinen Vorteil gegenüber der Verbundsmitgliedschaft. Es ist also darauf zu achten, Mitglieder Vorzüge zu bieten, die andere Besucher nicht haben (Beispiel: Parkplätze, Mitglieder-Aktionen, etc.).

Sollte eine Kooperation mit Firmen eingegangen werden, kann es aufgrund einer hohen Abnahmemenge von Mitgliedschaften langfristig zu hohem Preisdruck seitens der Firmen kommen. Hier ist es wichtig, im Vorhinein Preisrahmen festzuhalten.

5 Literaturverzeichnis

Autobild (Hrsg.). (2014). *Jahrzehnt des Imagezaubers.* Zugriff am 31.01.2019. Verfügbar unter https://www.autobild.de/klassik/artikel/audis-imagewandel-der-weg-zur-premium-marke-5430938.html

Colourworks (Hrsg.). (2017). *The Rebranding Masterclass.* Zugriff am 31.01.2019. Verfügbar unter http://colourworks.co.za/rebranding-masterclass/

Froböse, I. (2015). *Fitness ohne Geräte: Mit Freeletics bis an die Grenze.* Zugriff am 28.01.2019. Verfügbar unter https://www.sueddeutsche.de/news/gesundheit/gesundheit-fitness-ohne-geraete-mit-freeletics-bis-an-die-grenze-dpa.urn-newsml-dpa-com-20090101-150617-99-03402

Kotler, P., Armstrong, G., Saunders, J. & Wong, V. (2007). *Grundlagen des Marketings.* München: Pearson.

Kotler, P. & Bliemel, F. (2006). *Marketing-Management. Analyse, Planung und Verwirklichung.* München: Pearson.

Porter, M. E. (2000). *Wettbewerbsvorteile. Spitzenleistungen erreichen und behaupten* (6. Aufl.). Frankfurt: Campus-Verl.

Statista (Hrsg.). (2019). *Anzahl der Smartphone-Nutzer in Deutschland in den Jahren 2009 bis 2018 (in Millionen).* Zugriff am 30.01.2019. Verfügbar unter https://de.statista.com/statistik/daten/studie/198959/umfrage/anzahl-der-smartphonenutzer-in-deutschland-seit-2010/

Weis, H. C. (2012). *Marketing* (Kompendium der praktischen Betriebswirtschaft). Herne: NWB Verlag.

W&V (Hrsg.). (2017). *Real macht sich zum Wochenmarkt.*

Zugriff am 30.01.2019. Verfügbar unter https://www.wuv.de/marketing/real_macht_sich_zum_wochenmarkt

6 Tabellenverzeichnis

Tab. 1: Stärken und Schwächen von Freeletics 6
Tab. 2: Chancen und Risiken für Freeletics 7
Tab. 3: SWOT-Matrix 8
Tab. 4: Unternehmen und ihre Veränderungen der CI 10

BEI GRIN MACHT SICH IHR WISSEN BEZAHLT

- Wir veröffentlichen Ihre Hausarbeit, Bachelor- und Masterarbeit

- Ihr eigenes eBook und Buch - weltweit in allen wichtigen Shops

- Verdienen Sie an jedem Verkauf

Jetzt bei www.GRIN.com hochladen und kostenlos publizieren